Le Tarot de Marseille Feel Good

CÉLINE CAMOUN & ÉLODIE ASCENCI

Le lotus … phant

Sommaire

Introduction

Le Tarot de Marseille est une institution. Si l'on peut avoir des avis divergents sur ses origines, tout le monde tombera d'accord sur la puissance de son symbolisme et des clés qu'il peut apporter tant en matière de divination que de guidance personnelle.

Une question se pose. Le Tarot de Marseille a-t-il été créé à des fins ludiques (jouer aux cartes) ou divinatoires ? Les faits relevés par les historiens tendent vers la première explication, à une époque où jouer aux cartes était une activité fort commune. L'usage divinatoire du tarot est bien postérieur à sa création.

J'aimerais apporter mon regard de praticienne de la voyance et de la cartomancie. Pour obtenir une réponse à la question que vous vous posez, vous pouvez procéder de deux façons différentes :

- soit en vous référant à la signification liée à la carte tirée (reportez-vous à la page de description pour chaque carte) ;
- soit, une fois la carte tirée, en entrant dans un état « intuitif » qui vous permet d'obtenir des informations divinatoires : c'est ce que l'on appelle communément « faire de la voyance » ou « entrer en intuition ». Vous êtes en état de voyance lorsque vous pouvez vous connecter

à votre intuition. Lorsque vous êtes absorbé dans une création, quelle que soit sa nature, vous vous trouvez dans un état que l'on pourrait qualifier de « modifié de conscience », voisin de l'état de voyance. C'est d'ailleurs pourquoi, au cours des siècles, plusieurs œuvres artistiques ont comporté des éléments de prédiction de l'avenir.

Personnellement, je pense que le créateur du Tarot de Marseille – pour nous offrir des archétypes et des symboles aussi riches – a été très largement guidé, ou inspiré, pendant son processus de création.

Ce coffret contient toutes les cartes du Tarot de Marseille revisitées et modernisées.

Interroger votre avenir, grâce à la cartomancie, c'est créer des synchronicités. C'est une rencontre entre vous et votre jeu divinatoire.

Pour bien comprendre comment fonctionne un tirage, il faut vous immerger, ressentir toute la symbolique et les messages des cartes. C'est pourquoi nous vous avons préparé des explications claires pour chaque carte.

Mais toute la magie réside dans les exercices.
Lancez-vous, je vous guide !

Le tarot

LA COMPOSITION DU TAROT

Le tarot comprend 78 cartes :

- les 22 cartes principales avec des figures (personnages), que l'on appelle « lames » ou « arcanes majeurs » ;
- les 56 cartes complémentaires, ou « arcanes mineurs », qui s'articulent autour de quatre éléments et thématiques : les Bâtons, les Épées, les Coupes et les Deniers.

Les arcanes majeurs (du Bateleur au Mat) vous permettent d'obtenir les grandes lignes de la réponse à votre question. Les arcanes mineurs (Bâtons, Épées, Coupes et Deniers) fournissent des indications complémentaires. Les premières vous apportent donc une information sur les thèmes du comportement, de la philosophie ou de l'évolution de vie. Les secondes, des détails sur des évènements matériels ou des situations de vie.

> *Si l'on voulait résumer, on pourrait dire que les arcanes majeurs vous indiquent le « quoi » (que se passe-t-il ?) ou le « pourquoi » d'une situation (pour quelle raison cela se passe-t-il ?). Et les mineurs, le « comment » (les détails de la situation).*

Le cycle septénaire du Tarot de Marseille

Les arcanes majeurs suivent trois cycles de 7 cartes, soit 21 cartes, auxquelles on ajoute Le Mat – la seule carte qui ne porte pas de numéro, car c'est celle qui marque à la fois la fin d'un cycle et le début d'un nouveau. Ce chiffre magique va influencer tout votre tarot.

Le tarot, un nouveau langage

Vous avez appris à écrire en apprenant l'alphabet. Les Égyptiens écrivaient à l'aide d'images représentatives (hiéroglyphes). Vous allez faire l'apprentissage d'une nouvelle langue dont les 78 cartes et symboles constituent la grammaire, la syntaxe mais aussi la sémantique.

Pour certaines cartes, vous comprendrez immédiatement leur sens, comme une évidence. Pour d'autres, vous tomberez dans le piège du premier degré. Pour d'autres encore, vous mettrez un certain temps à les comprendre et à les ressentir. C'est un processus tout à fait normal dans l'initiation à la taromancie.

Ça y est ! Vous faites vos premiers pas en tant que devins modernes ou sorcières contemporaines !

LA SYMBOLIQUE DU TAROT

Voici des indications sur la riche symbolique du tarot. Ces repères vous permettent de réaliser plus facilement des interprétations.

Les nombres

Dans le tarot, les nombres vous donnent une indication sur l'attitude à avoir : ils renvoient à votre dynamisme ou, au contraire, à votre réceptivité.

- **Nombres actifs (impairs)** : 1, 3, 5, 7, 9, 11, 13, 15, 17, 19, 21
- **Nombres passifs (pairs)** : 2, 4, 6, 8, 10, 12, 14, 16, 18, 20, 22

Les postures

Elles vous indiquent la meilleure attitude à adopter en fonction de la situation que vous traversez.

- **Debout** : c'est le bon moment pour agir, pour dire et vous faire entendre, pour vous imposer.
- **Assis** : symbole de réflexion, d'élaboration d'une stratégie, repérez le bon moment pour agir (pas de précipitation).
- **Corps vers la droite** : avancez vers votre futur.
- **Corps vers la gauche** : la figure représente une personne dans le passé ou une réflexion.
- **Corps de face** : soyez dans l'action, faites un choix.

Les couleurs

Dans les versions les plus anciennes du tarot, on trouve plusieurs couleurs, dont le rouge, le bleu, la couleur chair, le vert, le jaune, le noir et le blanc.

COULEUR	ÉLÉMENT	PLAN	SIGNIFICATION
BLANC	Air	Spirituel	Esprit - Paix - Pureté - Innocence
BLEU	Eau	Spirituel	Réceptivité - Féminin - Émotion - Inconscient - Calme - Spiritualité - Esprit
CHAIR	-	Humain	Humain - Corps - Matière
VERT	Terre	Végétal	Croissance - Espoir - Fertilité - Capacité d'adaptation
JAUNE	Air	Spirituel	Rapport aux autres - Intelligence - Connaissance - Rayonnement - Projets (travail) - Communication - Intuition
ROUGE	Feu	Matériel	Action - Passion - Activité - Masculin - Énergie - Désir - Colère - Pouvoir - Courage - Force - Conviction
NOIR	Terre	Matériel	Transformation - Fertilité - Recentrage - Détermination - Avancée vers l'inconnu

Les vingt-deux arcanes majeurs

C'est généralement avec ces cartes que l'on s'initie à la divination. Vous pouvez utiliser les autres cartes, mais les vingt-deux premières sont tellement intéressantes d'un point de vue symbolique que vous pouvez presque tout faire avec elles ! Par exemple, dans ma pratique de voyante, je me sers souvent uniquement de celles-ci.

Ces arcanes représentent vingt-deux personnages. Ils portent tous un nom et un numéro, à l'exception de la treizième carte (l'Arcane sans Nom) et du Mat (car on peut lui attribuer le chiffre 0 ou le numéro 22).

Il existe un moyen très simple pour vous familiariser avec ces cartes : comprendre que chacun de ces personnages vous représente. Oui, ces hommes, ces femmes, ces créatures illustrées sont une partie de vous.

À l'origine de votre vie, de votre projet, vous êtes Le Bateleur. Il vous livre un message concernant ce que vous devez apprendre, comprendre en ce moment, pour avancer dans votre vie.

Comme lui, vous avez toutes vos ressources personnelles à portée de main, juste devant vous. Il vous appartient de les utiliser pour commencer à créer une nouvelle aventure. Une fois que vous aurez vécu et compris cette étape, vous pourrez passer à la lame suivante. Vous deviendrez alors La Papesse, avec une nouvelle leçon de vie à apprendre, et ainsi de suite...

Les arcanes majeurs parlent de votre vie. Souvenez-vous bien que vous êtes tous les personnages du tarot et oubliez les genres et les races : homme, femme, animal, mi-ange mi-démon... Chaque personnage vous représente sous un angle différent.

> *Sommes-nous les mêmes à chaque étape de notre vie ? Non. Le tarot non plus. Au travers de ces cartes, autorisez-vous à vous découvrir d'un autre point de vue...*

I. Le Bateleur

Esprit d'initiative · Esprit créatif · Optimisme ·
Nouveau départ · Explorer ses ressources

Avec son lot d'audace et d'enthousiasme, il ouvre ce premier cycle de sept cartes : c'est Le Bateleur ! Il doit s'accorder une certaine forme de réflexion (mais qui ne doit pas s'éterniser) pour ne pas casser le rythme de son action : il doit en rester maître. C'est son état d'esprit qui doit agir sur son environnement, et non le contraire ! Vouloir, c'est créer.
Vous avez tous les éléments en main pour agir face à la situation et même trouver de nouvelles solutions. Restez calme, focalisez-vous sur vos ressources et vivez pleinement la joie procurée par cette nouvelle aventure !

II. La Papesse

Connaissance · Préparation · Prise de conscience · Persévérance · Se préserver · Intuition

Une femme forte, savante, qui sait rester calme le temps de trouver une solution, ainsi se présente La Papesse ! Si vous tirez cette carte si posée et si réfléchie, ne cédez pas à l'emportement. Elle indique que votre raison (cape bleue) vous protège pour vous permettre d'évoluer dans votre vie. C'est une carte d'ouverture sur la richesse, aussi bien intérieure qu'extérieure, de la vie. C'est la carte de la connaissance de soi. Vous êtes posé et vous prenez le temps de comprendre les subtilités de la situation. Calme, concentration, discrétion et ancrage sont vos meilleurs amis.

III. L'Impératrice

Créativité · Enthousiasme · Prise de responsabilités · Audace · Énergie · Distinction · Charisme

Une femme en parfaite harmonie, qui maîtrise les choses ? Voici L'Impératrice ! Stable, légitime, ancrée, intuitive, bonne communicante, elle est capable d'apporter des solutions aux problèmes et de mener à bien ses objectifs concrets. Cette carte a des vibrations positives. Elle voit le potentiel dans chaque situation et elle agit ! L'Impératrice vous parle de l'intelligence par la mise en pratique de vos ressources (découvertes avec Le Bateleur) et de votre connaissance (La Papesse). Elle vous pousse à passer à l'action avec audace et confiance !

IV. L'Empereur

Équilibré · Solide · Proactif · Responsable · Déterminé

L'Empereur : c'est une personne qui décide avant d'agir. Soyez responsable, déterminé et stratège. C'est le moment d'affirmer vos actions !
Pragmatique, vous avez su créer votre équilibre. Vous êtes ancré, prêt à agir. Proactif et loin de vous laisser façonner par les circonstances de la vie, vous les tournez à votre avantage. Déterminé, donnez-vous les moyens d'atteindre vos objectifs et de créer un environnement stable et solide.

V. Le Pape

Sagesse · Collaboration · Conseil · Transmission · Union · Bonnes influences · Bonne moralité

Un être en pleine conscience, un médiateur entre le matériel et le spirituel : tel est Le Pape ! Cette carte vous encourage à agir, à faire concrètement avancer vos projets, souvent en prodiguant des conseils ou en en recevant selon les cas. Quoi qu'il en soit, c'est la carte de la collaboration et de l'entraide.
Le Pape transmet, collabore, échange, en guidant son entourage avec bienveillance. Il est posé et inspire confiance, car il est à mi-chemin entre le spirituel (il sait qui il est) et le matériel (il est dans l'action).

VI. L'Amoureux

Choix · Libre-arbitre · Prise de décision ·
Écouter son cœur · Être en accord

L'Amoureux se retrouve face à l'une des complexités de la vie : le choix. Il est face à l'émergence du désir pour quelque chose de matériel ou de spirituel. Il vous faut trouver l'étincelle nécessaire à la réalisation de vos ambitions, la déclencher et vivre les évènements avec exaltation. L'Amoureux vous entraîne vers une nouvelle étape de votre vie : oser vraiment faire et être ce que vous aimez, et ce, quel que soit l'avis de votre entourage. Il vous conseille d'avoir l'indépendance du cœur ! De nouvelles rencontres sont au programme, saisissez le bonheur de l'instant présent.

VII. Le Chariot

Action · Détermination · Entreprendre · Être concret · Faire face aux évènements

Le Chariot arrive à toute vitesse pour se réaliser ! La carte précédente (L'Amoureux) vous a donné la motivation (avec l'étincelle de l'amour). À présent, c'est à vous d'être dans l'action, de créer une manifestation matérielle. C'est la carte de la mise en route des projets. Elle annonce également de la rapidité dans les actions. Soyez prêt pour l'aventure ! Le Chariot montre votre dynamisme et votre détermination à faire avancer les choses. Il vous demande d'agir sur tous les plans. Il vous encourage à vous appuyer sur votre force intérieure pour conquérir votre propre succès. Attention cependant à l'éparpillement : restez focus !

VIII. La Justice

Équilibre · Stabilité · Rigueur · Justice · Autorisation

Elle regarde les choses en face, elle assume et va maintenir un équilibre : La Justice ! Il faut interroger votre intégrité et votre intelligence pour établir le bilan d'une situation et voir si elle est vraiment en équilibre. Ayez le courage de trancher pour atteindre cet équilibre, quelles que soient les conséquences.

Vous maîtrisez bien les situations. Il est temps de les équilibrer, sans tomber dans le perfectionnisme. Stabilisez les différents domaines de votre vie tout en restant humain. Adaptez-vous aux circonstances : avec cette carte, il faut faire face à la vie !

IX. L'Hermite

Réflexion · Sagesse · Intériorité · Profondeur · Avancement

L'Hermite vous accompagne face à la nécessité de recourir à la réflexion. Il suggère une certaine forme de prudence ou de lenteur, car il est temps de vous ressourcer et de vous mettre à la recherche d'une solution, empreinte de sagesse, afin de guérir ce qui ne va pas dans votre vie. Dans cette carte, on cherche à s'élever.

Le temps joue pour vous. Prenez celui qui vous est nécessaire pour examiner les choses en profondeur et prêter attention aux détails. Vous gagnerez en maturité en prenant du recul et grâce à des actes réfléchis.

X. La Roue de Fortune

Renouveau · Clôture du passé · Solution · Reconversion · Ancrage

Envie de mouvement ? Voici la phase de préparation à ce nouveau cycle et à une nouvelle perspective. En piste avec La Roue de Fortune !
La roue centrale représente le cycle de la vie. Le sol semble être mouvant, indiquant que rien n'est stable dans l'existence : c'est l'adaptation de votre attitude mentale aux circonstances qui stabilisera votre vie. L'idée est d'accepter (une situation) pour mieux réagir et, à terme, agir.
La Roue de Fortune vous conseille de profiter des opportunités pour faire avancer les situations et vous créer un meilleur avenir.

XI. La Force

Force · Courage · Intelligence · Maîtrise · Confiance

Une personne prête à en découdre et qui ne va rien lâcher : La Force !
Il est temps de puiser en vous – dans votre personnalité – pour faire émerger votre puissance intérieure par un effort continu et dans le calme, le temps de maîtriser la situation et de réaliser vos objectifs.
La clé est la confiance en soi. Prenez conscience de vos forces et de vos ressources intérieures. Grâce à cet appui, vous serez bien ancré et marquerez une avancée stratégique et en profondeur dans votre vie.

XII. Le Pendu

Méditation · Voir les choses autrement · Don de soi · Gestation · Forces intérieures

Le Pendu conseille de suspendre les choses, le temps, son opinion sur une situation pour pouvoir la débloquer. Ne rien faire ? Pas exactement ! Changez votre état d'esprit et votre point de vue pour orienter la situation à votre avantage.
Le Pendu entre dans une forme de gestation pour une bonne raison : vous aider à voir les choses sous un autre angle pour devenir quelqu'un de nouveau. Vous pensez que les choses stagnent ? Elles ne sont que préparation !

XIII. L'Arcane Sans Nom

Transformation · Se débarrasser du passé · Nettoyage · Avancer · Détruire pour reconstruire

Mettre toute son énergie dans son objectif afin de transformer sa vie en profondeur ? Tel est le message de L'Arcane Sans Nom ! Il vous demande de prendre des décisions radicales pour pouvoir passer pleinement à une autre étape. Vous le voyez comme une mort : et s'il symbolisait aussi une forme de résurrection ?

Cette carte vous choque ? C'est normal, elle vous demande d'avancer résolument dans votre vie en vous délestant de tout ce qui vous encombre. Cessez de parler, agissez en vous concentrant sur l'essentiel !

XIV. Tempérance

Paix · Harmonie · Guérison · Réconciliation · Conciliation

Tempérance symbolise la création d'un nouvel équilibre personnel permettant de guérir des blessures ou des schémas du passé, et d'avancer sereinement vers son avenir. Le temps est venu de vous harmoniser, de régler votre boussole interne. L'arcane Tempérance annonce la guérison, l'union des contraires, pour aboutir à une harmonie tant intérieure (psychologique et émotionnelle) qu'extérieure (dans votre rapport aux autres), sur le plan personnel et matériel. Inutile de vous stresser, le temps est de votre côté.

XV. Le Diable

Dominant · Instinctif · Passionné · Créatif · Libéré

Le Diable est un personnage qui, par son charisme et son énergie, ne laisse pas indifférent. À la fois homme, femme, animal, humain, spirituel... Le Diable est une incarnation complète de la création. Vous êtes toutes ces facettes à la fois. C'est donc aussi la carte de l'acceptation de votre nature profonde.

Votre côté animal, instinctif, est un allié vous incitant à accepter votre vraie nature. Le Diable invite à la spontanéité, la passion et la créativité dans ce qu'elle a de plus viscéral. Il vous pousse à expérimenter votre intelligence intuitive.

XVI. La Maison Dieu

Construction · Lucidité · Recentrage sur soi · Mouvement · Crise salutaire

La Maison Dieu évoque un changement soudain auquel il faut faire face et s'adapter avec réactivité. Dans la construction de votre identité, il faut être prêt à tout remettre en question quand les fondements ne sont plus bons, afin de pouvoir construire de nouvelles bases. Une porte se ferme, une autre s'ouvre. La Maison Dieu vous indique que les bouleversements de la vie sont parfois providentiels. Ils vous aident à vous fixer d'autres objectifs qui s'avéreront plus salutaires à long terme.

XVIII. L'Étoile

Authenticité · Honnêteté · Stabilité · Communication · Don de soi

L'Étoile symbolise une douce période de bienveillance pendant laquelle on pose la base de ses rêves. Vous êtes dans une période de paix et de sérénité. Écoutez votre voix intérieure et laissez-vous guider. Prenez le chemin de la réalisation de vos rêves.

Débarrassé des fantômes de votre passé et de vos peurs, vous êtes en équilibre. Vous donnez à vous-même et aux autres, avec spontanéité et plaisir. Votre avenir vous semble plus clair, plus lumineux.

XVIII. La Lune

Intuition · Créativité · Travail psychologique · Intériorité · Gestation

La Lune incarne un univers onirique aussi étrange que fascinant. N'ayez pas peur de l'obscurité, elle représente une étape comme une autre. Apprenez plutôt à l'apprivoiser. Et si vous disiez bye bye à l'autosabotage ? La Lune vous renvoie à cette autre forme d'intelligence qu'est la connaissance intérieure. Elle fait référence autant à votre intuition qu'à la force de vos émotions. Connectez-vous à vous-même pour avancer !

XIX. Le Soleil

Entraide · Amour · Réussite · Rayonnement · Construction

Une jolie phase d'harmonie et de bonheur : voici Le Soleil ! Il évoque une sensation de perfection – chaque chose étant à sa place – et une belle envie de s'ouvrir à l'autre.

Le Soleil annonce une période particulièrement propice, fondée sur la confiance, l'amour et l'entraide. Si vous entamez des projets, la réussite vous attend. Si c'est une relation, l'amour sera réciproque, et votre charisme ne laissera personne insensible.

XX. Le Jugement

(re)Naissance · Libération · Triomphe · Guérison · Dénouement positif

Avec Le Jugement se profilent une inspiration, un heureux dénouement ! Une renaissance, résultat des actions courageuses entreprises dans le passé, arrive au bon moment.
C'est une heureuse délivrance !
Le Jugement est une carte de grande joie, puisque vos désirs profonds sont ou seront enfin exaucés. Cet enthousiasme résonne comme une renaissance. C'est la puissance de ceux qui ont fait la paix avec eux-mêmes. Redécouvrez-vous et ouvrez-vous aux autres !

XXI. Le Monde

Réalisation totale · Épanouissement · Plénitude · Sentiment d'unité · Être délivré

Se placer au centre de l'Univers, en harmonie avec soi et les éléments extérieurs : c'est ce que vous dit Le Monde ! Cette carte peut se résumer en un mot : l'universalité.

Le Monde renvoie à une réussite totale, car elle s'appuie sur un équilibre parfait (celui que l'on a construit). C'est comme si vous assistiez à votre propre naissance. Ici, tout devient possible !

XXII. Le Mat

Libération · Indépendance · Énergie créatrice · Détermination · Joie de vivre · Insouciance · Innocence

Le Mat : il nous surprend et poursuit sa propre destinée ! Il vous dit comment agir (soyez déterminé) et quoi ressentir (soyez indépendant) face à l'évolution de la vie qui vous amène chaque jour sur un terrain différent.

Le Mat n'est pas fou : il suit une impulsion vitale qui le mènera exactement où il doit aller. Son indépendance repose sur une certitude intérieure et un détachement du superflu. Il est vraiment libre !

Les arcanes mineurs

Ils sont au nombre de cinquante-six et se subdivisent en domaines (ou thématiques) et symboles. Ces cartes suivent toujours la même logique.

- Elles sont divisées en quatre suites de 14 cartes.
- Les quatre suites sont nommées : les Épées, les Bâtons, les Coupes et les Deniers, représentant les différents éléments de la vie.
- Elles sont numérotées de 1 (as) à 10 (cartes numérales).
- Elles ont également des personnages : roi, reine, cavalier et valet (cartes de cour).

Elles font référence aux différents évènements qui vont surgir dans votre vie et elles vous fournissent des informations complémentaires.

SYMBOLE	INTERPRÉTATION	SAISON / ÉLÉMENT	DYNAMIQUE
BÂTON	· Projets · Réalisations matérielles	Printemps / Feu	Active
ÉPÉE	· Pensées · Esprit · Défis	Hiver / Air	Active
DENIER	· Argent · Ressources · Expériences	Automne / Terre	Passive
COUPE	· Émotions · Sentiments	Été / Eau	Passive

Pour comprendre facilement les lames mineures, il vous suffit d'ajouter la symbolique de la carte (par exemple, Coupe = sentiment) à la signification du numéro de la carte (par exemple, As = commencement).

CHIFFRES NOMBRES	SIGNIFICATIONS
1	Unité · Commencement · Potentialité · Création · Se réaliser · Maîtrise
2	Dualité · Union · Séparation · Gestation · Collaboration · Émotion
3	Trinité · Équilibre · Dynamisme · Communication · Sociabilité
4	Réalisation · Stabilité · Ancrage · Sécurité · Confiance · Fermeté
5	Conseil · Rencontre · Conclusion d'accord · Progression · Évolution
6	Choix · Hésitation · Épreuve · Équilibre émotionnel · Foyer
7	Proactivité · Action · Dynamisme · Oser · Réussite · Énergie
8	Équilibre · Responsabilité · Sévérité · Prendre sa place · Trancher
9	Gestation · Intériorité · Réflexion · Calme · Altruisme · Cycle
10	Changement · Acceptation · Mouvement · Début et fin

LES GRANDES FIGURES DANS LES ARCANES MINEURS

Avant de commencer, il est important de faire un point sur ces cartes afin d'en saisir toute la subtilité. Elles sont au nombre de seize (quatre par suites). Chacune de ces cartes peut représenter une personne, un trait de personnalité ou une situation. Pour savoir de quoi l'on parle, cela va dépendre de la position ou du contexte de votre carte dans votre tirage.

Voici des points de repères pour les âges et les représentations au travers des figures. C'est une approximation : soyez souple dans votre interprétation.

- **Les rois** représentent un homme de plus de 30 ans.
- **Les reines** représentent une femme de plus de 30 ans.
- **Les cavaliers** représentent un jeune adulte (homme ou femme) entre l'adolescence et la trentaine.
- **Les valets** représentent un enfant, un adolescent ou un jeune adulte (homme ou femme).

> *Souvenez-vous que les cavaliers et les valets sont sur la voie de la maturité, alors que les rois et les reines ont atteint ce stade. Les valets annoncent souvent l'arrivée d'une nouvelle.*

Les Bâtons

Cette série de cartes vous demande de vous interroger ou de mettre en œuvre tout ce qui touche à vos projets professionnels, vos réalisations matérielles et votre capacité d'initiative. Elle s'intéresse également à votre place dans la société ou au sens que vous donnez à votre vie au travers de vos actions et de vos agissements.

Elle est reliée à l'élément Feu et au printemps : elle vous incite donc à réaliser des actions concrètes.

Elle concerne également tout ce qui implique du mouvement, tant au sens figuré – comme les évolutions professionnelles – qu'au sens propre avec les voyages, les déplacements et les déménagements. Ce sont des cartes d'enthousiasme et d'énergie qui vous demandent le plus souvent des actions physiques et des engagements.

Les quatre cartes des personnages représentent une personne ambitieuse, énergique et dynamique dans ses actions comme dans sa vie, sportive ou à l'allure sportive.

Roi de Bâton

**Leader · Homme de tête, pragmatique et organisé · Maturité ·
Capacité à imposer et à concrétiser ses idées ·
Situation actuelle demandant une bonne maîtrise des éléments ·
Figure d'autorité professionnelle**

C'est une personne confiante, ayant toutes ses capacités, avec une bonne maîtrise des choses, capable d'user de son pouvoir s'il le faut. Le roi de Bâton a l'âme d'un meneur, qui sait facilement motiver son entourage.

On peut aussi avoir confiance en lui, d'un point de vue professionnel ou sentimental (passion et charisme au programme).

Reine de Bâton

Leader · Femme de tête, pragmatique et organisée · Maturité ·
Capacité à imposer et à concrétiser ses idées ·
Situation actuelle demandant une bonne maîtrise des éléments ·
Figure d'autorité professionnelle

Spontanée et dynamique, la reine de Bâton planifie pour que les choses avancent et se concrétisent. Elle préfère agir que rêver !
Vous vous sentez rempli d'énergie et de courage. Votre intuition est en alerte et vous aide concrètement dans vos actions.
C'est la bonne période pour « manifester » ce que vous voulez dans la vie.
Vous avez envie de repousser les limites et d'essayer de nouvelles choses.

Cavalier de Bâton

Personne jeune et ambitieuse · Capacité d'initiative · Nouvelles rapides · Déplacements

Le cavalier de Bâton aime particulièrement les défis. Il représente quelqu'un qui vous pousse dans vos retranchements.
Attention aux actions précipitées ou aux décisions prises trop vite, à la dispersion dans vos actions.
Il augure d'un changement positif : une belle et majeure opportunité arrive pour vous (nouvel emploi, déménagement...).

Valet de Bâton

Personne jeune et loyale · Invitation · Message · Heureux dénouement · Loyauté professionnelle · Projets à court terme

Le valet de Bâton annonce l'arrivée de bonnes nouvelles. Il symbolise un voyage, une envie de découvrir de nouveaux horizons. Il parle de nouvelles perspectives, de formations, d'opportunités professionnelles.

As de Bâton

Action · Entreprendre · Nouveaux projets ·

Début d'un nouveau travail · Nouvelles idées · Dynamisme

Ce bâton brandi dans les airs renvoie à une notion d'énergie, de vitalité de prise de décision et de mise en avant de ses projets. Il annonce une nouvelle énergie et de nouvelles actions à entreprendre.

Bien évidemment, il parle d'un nouveau départ dans votre vie, d'un point de vue très concret. Vous avez enfin l'énergie nécessaire pour entamer de nouveaux projets.

Il annonce que votre projet sera fertile et victorieux, si vous lui dédiez l'investissement nécessaire.

À vous de savoir canaliser et bien utiliser cette énergie !

Deux de Bâton

Associations professionnelles · Études de projets · Projets secrets · Reprise d'études

Cette carte représente la dualité : vous pouvez vous retrouver face à une prise de décision ou à une alternative qui nécessite de choisir la meilleure option. Elle vous demande de revoir les bases de vos projets pour asseoir la meilleure décision possible.
Elle indique que vous êtes en recherche de changements dans votre vie (impliquant souvent un déplacement ou une action physique) et que vous êtes à un stade où vous avez le bon mental pour prendre ces décisions.

Trois de Bâton

Projets professionnels équilibrés · Créativité ·
Bonne maîtrise des projets professionnels

Cette carte vous indique que vous êtes arrivé à une étape de maîtrise des choses, avec une capacité à régler concrètement les problèmes (prenez des mesures pratiques en ce sens, déplacez-vous chez vos interlocuteurs, allez prendre des informations...). C'est le bon moment pour former des partenariats ou des associations. Soyez actif et patient. Des synchronicités vont arriver pour vous donner un coup de pouce !

Quatre de Bâton

Réalisation de ses projets · Stabilité · S'affirmer (leadership) · Organisation et structuration des projets professionnels

C'est une carte particulièrement positive, car elle inspire la stabilité et l'équilibre. La structure est bonne, on est bien organisé et on a le sentiment que chaque chose est à sa place.
On crée les véritables fondations de sa vie.
L'entente avec l'entourage est bonne, saine et équilibrée.
C'est aussi une excellente carte pour célébrer ses victoires (fête, anniversaire, mariage...).

Cinq de Bâton

Confrontation · Changement · Aboutissement des négociations professionnelles et accords · Succès dans les affaires

Il est temps d'opérer un changement, et c'est à vous de le faire. Cette carte conseille d'aller à la confrontation pour trouver des solutions et un accord. On peut être obligé de montrer de l'autorité pour le faire. Attention, pour être symbole de réussite, cet arcane demande de trouver une solution « collective », équitable pour toutes les personnes en présence.

Six de Bâton

Victoire · Reconnaissance · Écouter ses envies · Accomplissement · Confiance

C'est une carte de victoire et de réelle avancée, donc de reconnaissance publique. On obtient enfin le résultat espéré ! C'est une victoire tant sur soi-même (être sorti de sa zone de confort et voir que c'est payant) que sur le plan strictement matériel. C'est un grand succès, on peut avancer ou se lancer dans des projets en pleine confiance.

Sept de Bâton

Courage · Victoire professionnelle (au prix d'efforts) · Aller de l'avant · Conviction

C'est une carte très énergique, qui vous demande de vous lancer à bras le corps dans les difficultés pour les dominer. Faites valoir vos droits, vos envies de manière concrète, en prouvant que, quoi qu'il arrive, vous allez agir !
Ne soyez pas dans le scandale, soyez déterminé ! C'est une carte qui vous demande du courage, un engagement personnel, et d'aller jusqu'au bout !

Huit de Bâton

Avancer · Faire le point et mettre tout en équilibre dans ses projets · Définir une stratégie · Rigueur et constance dans ses actions · Déplacements

Les astres s'alignent enfin, parce que vous avez fait le nécessaire ! Vous avez dépassé les différents défis ou obstacles qu'il y avait sur votre chemin. Avancez ! Vous êtes sur des rails, poursuivez de manière paisible vos envies et vos projets. Tous les possibles s'offrent à vous ! Cet arcane peut aussi annoncer un voyage ou un déplacement (avec un point d'eau à proximité ou à survoler).

Neuf de Bâton

Être vigilant · Prendre du recul · Surmenage · Persévérer · Prendre le temps d'aller en profondeur

Laissez le passé derrière vous. Prenez le temps de la réflexion, prenez du temps pour vous, afin de voir si vos actions sont en harmonie avec vos buts spirituels ou votre philosophie de vie.
Il n'est pas question d'arrêter vos projets ou de vous mettre au vert : vous devez poursuivre vos efforts, mais avec un autre regard, même si vous vous sentez un peu surmené. La route n'est pas facile, mais vous serez récompensé !

Dix de Bâton

S'adapter aux circonstances · Posséder le bon état d'esprit · Se libérer · Choisir une voie plus simple

Ne vous surchargez pas de travail, d'objectifs à tenir ou de pensées trop encombrantes. Cela est contre-productif pour vous. Libérez-vous, en vous adaptant au contexte et aux circonstances. Rien ne sert de charger la mule, il existe une solution plus paisible et moins douloureuse pour vous. Cherchez-la, elle vous est accessible ! Arrêtez l'autosabotage et cassez les pensées limitantes.

Les Deniers

Cette suite est associée à l'élément Terre et à l'hiver. Ses thématiques sont les finances, les aspects matériels de la vie et les ressources personnelles (qualités, expériences).

Si elle apparaît dans votre jeu, elle vous demande de vous interroger sur votre sentiment général de sécurité, la gestion et la préservation de vos finances, mais aussi sur un sentiment de rigueur, voire de conservatisme.

Les quatre cartes des personnages représentent quelqu'un de pragmatique, ancré, réaliste, bon gestionnaire et financier, habile dans les investissements. La personne peut être également douée dans tout ce qui touche à la terre (investissement immobilier, agricole, plantes, écologie et animaux).

Roi de Denier

Générosité · Homme d'affaires · Maturité financière · Personne de confiance, capable d'imposer et de concrétiser les choses · Personne ayant des responsabilités

Il s'agit d'une personne jouissant d'une bonne stabilité matérielle. Elle a l'aisance des gens qui se sentent à la bonne place, au bon moment. Malgré son flegme apparent, c'est quelqu'un de très compétent dont la réussite n'est pas le fruit du hasard. On tire cette carte quand on est dans une situation de satisfaction matérielle et financière.

Reine de Denier

**Générosité · Femme d'affaires · Maturité financière ·
Personne de confiance, capable d'imposer et de concrétiser les choses ·
Personne ayant des responsabilités**

Cette carte évoque quelqu'un de passionné et doué pour la gestion matérielle. Si vous avez besoin d'aide pour s'occuper de vos finances ou de vos biens, c'est la bonne personne !

La poursuite de vos actions de manière régulière et assidue va vous conduire vers une période de réussite professionnelle ou financière.

On tire cette carte quand on perçoit ou que l'on va enfin percevoir les résultats escomptés liés aux différentes actions mises en place par le passé.

Cavalier de Denier

Personne jeune · Capacité d'initiative (oser prendre des risques en matière d'investissement et de gestion) · Nouvelles rapides · Placements financiers · Mouvements d'argent

Le cavalier de Denier représente une personne ayant une belle capacité d'initiative, avec de l'audace mais aussi une certaine forme de sérénité. Elle est capable de porter des projets et d'aller au bout des choses.

Il y a un bon équilibre entre les aspirations matérielles ou professionnelles et les actions entreprises.

Valet de Denier

Personne jeune · Invitation · Message · Heureux dénouement · Loyauté professionnelle · Projets à court terme · Personne ayant beaucoup de ressources (financières et intellectuelles)

Le valet de Denier indique l'arrivée d'une personne, d'une nouvelle ou d'une opportunité capable de vous aider d'un point de vue financier ou en termes de ressources.

Il représente une personne pragmatique et efficace, car elle agit dans le respect des règles. Sa cohérence la mènera à bien des réussites.

As de Denier

Réussite financière · Rentrée d'argent (importante) · Bonne maîtrise des finances · Nouveaux projets financiers

Cette carte annonce une énergie vigoureuse et victorieuse sur le plan professionnel, social ou financier – avec en toile de fond une notion de sécurité financière. Si vous cherchez des ressources (financement ou aide), vous allez les obtenir dans les proportions attendues.

Deux de Denier

Croissance de ses compétences et finances · Investissement à long terme · Finances cachées

Avec cette carte, on s'occupe de la croissance de tout ce qui touche à l'argent ou aux ressources. On étudie, on capitalise, on investit. Elle peut annoncer un partenariat ou une association, dans le domaine entrepreneurial, professionnel ou financier.

Trois de Denier

Planifier · Situation financière qui s'équilibre · Compétences et ressources évoluant positivement

Votre épanouissement personnel passe aussi par un épanouissement matériel. Il est temps de mettre cela en perspective concrète, en planifiant de manière saine et équilibrée vos projets financiers ou ceux qui vont vous apporter des ressources sur du long terme.

Quatre de Denier

Réalisation financière · Investissements stables · Projets financiers en perspective · Bonne gestion de son patrimoine et de ses finances

Cette carte est un bon présage en matière d'équilibre financier et matériel. Elle évoque une situation professionnelle stable, tant en matière de rémunération que de ressources que l'on va mettre à votre disposition. C'est la fin des soucis financiers !

Cinq de Denier

Difficultés financières · Imprévus · Conseils financiers

Cette carte parle de dépense imprévue, de mauvais investissement, de perte de projet ou d'emploi, vous menant à une situation financière délicate. C'est le bon moment de réfléchir à vos croyances et à votre rapport à l'argent pour changer les choses.

Six de Denier

Harmonie financière · Partage · Choix financier à faire

Vous vous sentez particulièrement en harmonie d'un point de vue matériel, d'une telle façon que vous pouvez maintenant en faire profiter les autres directement ou indirectement. Ce partage va vous apporter une sensation de connexion à l'autre et de participation sociale, particulièrement agréable.

Sept de Denier

Constance · Aller de l'avant en matière d'investissement et de gestion · Réussite financière (au prix d'efforts)

C'est une excellente période pour faire fructifier votre argent ou investir. Le succès est assuré ! C'est votre constance, vos efforts et votre cohérence dans le temps qui vont vous mener à ce succès tant mérité !

Huit de Denier

Définir une stratégie · Planifier ·
Rigueur et constance dans sa gestion de patrimoine

Voici le moment idéal pour faire le point et aboutir à un équilibre de vos finances. C'est votre capacité à vous remettre en question de manière honnête et concrète qui va changer votre vie d'un point de vue matériel et financier.
Cette carte annonce l'aboutissement d'une action en justice avec un dédommagement matériel.

Neuf de Denier

Période de réflexion sur ses finances · Personne ayant beaucoup d'expérience en matière de finances et de gestion de patrimoine

Vous n'avez pas encore atteint vos objectifs matériels et financiers, mais cette carte vous encourage à poursuivre vos efforts, en portant une attention particulière aux détails et à la méthode employée. Calmez votre état d'esprit et prenez le temps d'aller en profondeur, de bien étudier la situation et les solutions.

Dix de Denier

Changement · Rentrée d'argent · Succès

Vous êtes enfin en très bon chemin pour atteindre la reconnaissance sociale, matérielle, financière et professionnelle tant attendue. C'est souvent aussi l'annonce d'une promotion, d'une rentrée d'argent, d'un changement ou d'une évolution positive sur le plan matériel.

Les Coupes

Cette série de cartes vous demande de vous interroger ou de mettre en œuvre tout ce qui touche à vos sentiments, vos relations amoureuses et votre capacité à gérer vos émotions. Elle est reliée à l'élément Eau, donc aux émotions.

Il est temps d'écouter votre cœur et de vous fier à votre instinct. Quelle est votre histoire ? Comment voulez-vous la vivre ? Et quelles relations voulez-vous avoir avec les autres ? Prenez soin de vous et soignez vos émotions.

Les quatre cartes de personnages représentent une personne intuitive, charismatique, empathique, avec une belle émotivité et un attrait pour les domaines artistiques et la spiritualité.

Roi de Coupe

Homme stable, généreux et loyal · Maturité affective · Capacité à imposer et à concrétiser ses sentiments, ses envies sentimentales ou amicales · Charisme

Cet homme est très à l'aise avec ses sentiments et ses émotions : il n'a pas peur de les assumer ou de les montrer. C'est une personne particulièrement stable et posée dans sa vie. Il a fait la paix avec son passé et ses émotions. Il fait preuve d'une forte compréhension et d'empathie. C'est un ami de qualité sur lequel on peut compter.

Cette carte peut représenter une situation dans laquelle vous devez faire preuve de discipline (une activité créative ou artistique, par exemple).

Reine de Coupe

Femme stable, généreuse et loyale · Maturité affective · Capacité à imposer et à concrétiser ses sentiments, ses envies sentimentales ou amicales · Charisme

C'est une femme également très à l'aise avec ses sentiments et ses émotions, car elle a atteint la maturité nécessaire pour se connaître vraiment.
Elle est dans la générosité, la compassion, le calme, avec une tendance à apporter du réconfort ou à soigner (de manière relationnelle ou professionnelle). Elle est contemplative et attend avant d'agir. Cette carte peut représenter une période particulièrement créative de votre vie.

Cavalier de Coupe

Personne jeune · Capacité d'initiative · Relation durable · Déplacement pour voir des proches · Nouvelle rencontre rapide

Cette carte annonce l'arrivée dans votre vie de quelqu'un avec une belle personnalité (empathique, doux, sensible...), curieux et sympathique.
Cela peut être une nouvelle histoire d'amour ou une nouvelle amitié.
Elle conseille de laisser le passé derrière vous, d'avancer dans l'avenir avec vos rêves et vos désirs, sans vous précipiter mais avec conviction et espoir.

Valet de Coupe

Personne jeune et sincère · Invitation amicale ou amoureuse · Message · Heureux dénouement sentimental · Loyauté amicale · Histoire à court terme

Cette carte peut annoncer une réconciliation et une loyauté amicale, un heureux dénouement sentimental : une bonne nouvelle qui va apporter un apaisement sentimental ou émotionnel.

As de Coupe

Réussite sentimentale · Nouvelle rencontre ·
Nouveaux projets amoureux · Foyer familial ·
Dynamisme et épanouissement affectif

Avec cette carte, il est question de victoire sentimentale ou des émotions. Elle annonce un renouveau en accord avec ses émotions. On se sent aligné et prêt à aller de l'avant. Les choses vont se concrétiser, engendrant un grand sentiment de satisfaction.

Deux de Coupe

**Association · Couple · Stabilité affective ·
Prendre son temps en amour · Amour secret**

Vous profitez enfin d'une stabilité affective en accord avec vos attentes.
On découvre l'autre, avec émotion et tendresse :
de beaux moments partagés en perspective.
On peut espérer la consolidation d'une relation.

Trois de Coupe

Situation affective qui se consolide · Bonne communication des sentiments · Rencontre affective ou amicale

On entre dans une période d'harmonie émotionnelle et sentimentale qui passe par une communication ouverte et équitable. Les choses vont s'épanouir avec succès et douceur, grâce à ce partage. C'est souvent le signe d'un couple (ou d'un présage de couple) fondé sur une notion de partenariat et d'équité.

Quatre de Coupe

Réalisation sentimentale · Projet amoureux durable · Bonne entente amicale ou amoureuse

C'est une carte de solide stabilité affective, et donc de sécurité. Elle peut aussi parfois indiquer une certaine forme de routine ou de lassitude sentimentale ou amicale.

Cinq de Coupe

Regrets · Idéalisme · Réconciliation · Conseils sentimentaux ou relationnels

La frustration pointe le bout de son nez ? Évitez de ressasser le passé, pas de nostalgie. Votre vision sera souvent biaisée et irréaliste. Si ça n'a pas fonctionné, c'est que ce n'était pas la bonne personne pour vous. Au contraire, ouvrez-vous aux autres, échangez, acceptez les conseils et allez faire des rencontres !

Six de Coupe

Harmonie sentimentale · Réconfort · Douceur · Bonheur

Vous arrivez à ce moment où vous remarquez la beauté et l'harmonie d'une situation, et où vous vous autorisez à en profiter pleinement. C'est enfin l'harmonie et le bonheur !

Sept de Coupe

Oser rêver · Réussite sentimentale (au prix d'efforts) · Aller de l'avant · Gagner en confiance sur le plan sentimental

Osez rêver à des aspirations sentimentales ou émotionnelles qui vous conviennent, mais attention à l'éparpillement. Apprenez à être clair, stabilisez-vous pour véritablement avancer dans votre vie personnelle. Il est temps de transformer vos envies en actions !

Huit de Coupe

Faire le point et mettre tout en équilibre dans ses relations sentimentales, amicales ou familiales · Être plus cohérent et constant en amour et en amitié

Ne soyez pas dans la perfection, mais dans l'équilibre. Si vous acceptez de faire le point sur les différents aspects qui peuvent vous rendre heureux sentimentalement ou émotionnellement, vous allez parvenir à un équilibre particulièrement apaisant. Vous pouvez avoir le sentiment d'être exactement au bon endroit, à votre place dans votre vie.

Neuf de Coupe

Période de réflexion sur ses sentiments · Maturité ·
Prendre le temps d'aller en profondeur

Vous êtes dans une période de transition tant sur le plan amoureux qu'amical ou relationnel. Prenez cette période avec philosophie pour en tirer le meilleur parti possible et créer des relations futures plus en phase avec vos valeurs profondes.
C'est aussi le signe d'une guérison sentimentale ou émotionnelle.

Dix de Coupe

Changement · S'adapter sentimentalement (rencontre, séparation, nouveaux projets) · Harmonie · Sérénité

Cette carte vous conseille d'avoir le bon état d'esprit pour réussir, car vos efforts vont être récompensés et vous allez enfin pouvoir profiter d'une réussite sentimentale ou relationnelle. C'est l'accomplissement tant mérité ! *Enjoy* !

Les Épées

Cette série de cartes, qui se réfère à l'élément Air et à l'automne, vous invite à vous interroger ou à mettre en œuvre tout ce qui touche à votre mental (état d'esprit, capacité d'adaptation, persévérance, habitudes) et aux défis de la vie.

Si cette suite apparaît dans votre jeu, demandez-vous si vous utilisez votre capacité de réflexion à bon escient ou non. Quelle est la qualité de vos échanges avec votre entourage ? Comment communiquez-vous ? Comme la Justice, n'hésitez pas à partager votre avis et, si besoin, à trancher pour rétablir l'équilibre.

Les quatre cartes de personnages représentent une personne logique, avec un mental clair, efficace, rationnel et organisé.

Roi d'Épée

Bonnes prises de décisions · Capacité à résoudre efficacement des problèmes (réactivité, percutant, efficace) · Bon état d'esprit

Cette carte représente une personne qui est arrivée à la maîtrise de son habileté mentale et d'une position de pouvoir. Affirmée, elle est prête à défendre ses acquis, par la force si nécessaire.

C'est un personnage courageux, qui met les choses en action.

Reine d'Épée

Bonnes prises de décisions · Capacité à résoudre efficacement des problèmes (réactivité, percutante, efficace) · Bon état d'esprit

Il s'agit d'une personne avec une véritable indépendance d'esprit, méthodique et soucieuse d'une forme de justice et d'équilibre. Elle s'est libérée de ses peurs et est prête à agir, faire face aux autres, aux choses et à la vie. C'est une carte ambivalente qui peut aussi exprimer le fait que la personne est prête à se défendre et qu'elle peut mener des actions tranchantes, quitte à créer un conflit.

Cavalier d'Épée

Motivation · Courage · Capacité d'initiative · Nouvelles rapides · Déplacement

Cette carte représente une personne dynamique, au tempérament fonceur, qui pense très vite. Elle est prête à valoriser ses idées et à les défendre au vu et au su de tous (comme si c'était une quête). Elle peut aussi s'ennuyer rapidement si elle n'est pas dans un environnement stimulant et dynamique. C'est une bonne carte si l'on doit dépasser des obstacles, à condition de ne pas non plus céder à l'emportement. Attention à la précipitation : posez vos idées d'origine à plat pour les vérifier. Elle peut aussi indiquer une possibilité de déplacements ou de voyages rapides.

Valet d'Épée

Personne habile · Invitation · Heureux dénouement d'un problème · Problème qui se résout rapidement

En confiance et bon orateur, le valet représente une personne exaltée qui pense rapidement (peut-être parfois trop). Un peu rêveur, il a une multitude d'idées et l'envie de faire beaucoup de choses. Cette carte peut vous demander de vous ancrer quelque peu pour concrétiser les choses. Elle peut aussi signifier que vous allez recevoir des nouvelles à propos d'une idée que vous avez lancée ou mise en place auparavant.

As d'Épée

Réussite · Esprit vif · Action · Détermination · Nouveaux projets · Volonté de trouver une solution

Cette carte, symbolisant la maîtrise de l'élément Air, annonce que votre esprit est particulièrement vif et efficace. Avec une telle capacité de réflexion, vous pouvez trouver des solutions adaptées, comme planifier des actions vous menant vers la réussite.

Deux d'Épée

Doute · Inertie · Pensées non révélées ·
Prendre du temps pour dépasser un problème

Vos idées s'emmêlent dans votre esprit. Vous pensez à une chose, puis à une autre. Vous alternez les solutions sans vous positionner, ce qui entraîne une forme d'inertie ou de conflit.
Prenez le temps de vous poser, de mettre vos idées au clair.

Trois d'Épée

Conflit · Différend à démêler · Prendre du recul

Il annonce souvent une situation qui vous cause de la peine
et de la souffrance, vous laissant une sensation
de mauvaise expérience ou de rupture.
Apprenez à vous pardonner (ou à pardonner) et lâchez prise.

Quatre d' Épée

Moral à l'équilibre · Stabilisation d'une situation (à la suite de tracas) · Bonne gestion de la situation

Cette carte annonce enfin une accalmie, un repos mental vous permettant de remettre les choses à l'équilibre. C'est le moment de prendre du temps pour vous reposer mentalement et de peaufiner votre monde intérieur.

Cinq d'Épée

Se sortir d'un problème · Accords · Force · Se défendre

Vous êtes au cœur d'un conflit, et cette carte vous demande de trouver une solution, même si ce n'est pas celle que vous aviez initialement souhaitée. Il s'agit davantage d'une résolution par la force que pacifique.

Six d'Épée

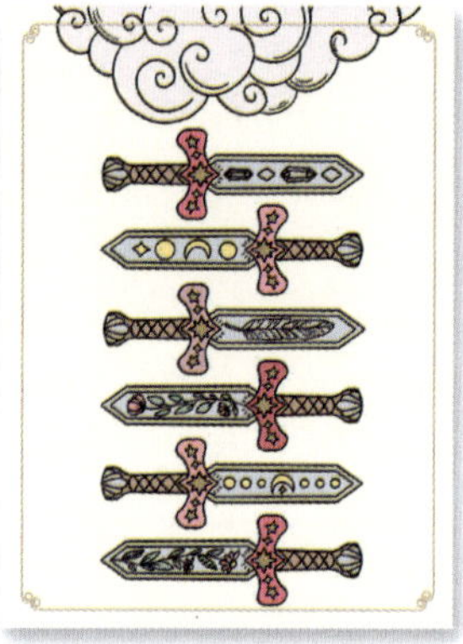

Décision à prendre · Rester réaliste · Renouveau

Cette carte vous fait passer d'une tristesse, accompagnée souvent d'un sentiment de solitude, à un renouveau. Elle arrive fréquemment quand on est prêt à laisser le passé derrière soi.

Les difficultés en valent la peine.

Un renouveau tant attendu vous tend les bras !

Sept d'Épée

Déception · Contrariétés · Renfermement · Énergie mentale · S'ouvrir

Cette carte signale l'intervention d'évènements extérieurs qui vont vous contrarier : à vous de les maîtriser d'un point de vue intellectuel et mental. Elle nécessite beaucoup d'énergie et un véritable temps de réflexion.

Attention à ne pas vous renfermer sur vous-même.

Huit d'Épée

Perfectionnisme · Limitation · Remise en question · Évolution mentale

Ne tombez pas dans le perfectionnisme ! D'une part, cela va vous limiter dans la vie et, d'autre part, cela entraînera de la frustration et de la tristesse.

Ayez une vue plus réaliste des situations. Évoluez ! Mettez de l'équilibre dans votre façon de voir les choses (mentalité).

Neuf d'Épée

Cogiter · Tristesse · Fatalisme · Gratitude ·
Changer son regard sur les choses

Vous traversez une période tourmentée. Ne tombez pas dans une forme d'austérité mentale. Et si vous commenciez à repérer tous les plaisirs de la vie, à en regarder les bons aspects et ce que vous pourriez tirer de cette situation ?

Essayez la gratitude et ouvrez-vous aux autres !

Dix d' Épée

Changement · S'adapter aux circonstances extérieures créant de nouveaux défis dans sa vie · Posséder le bon état d'esprit pour en sortir grandi

Après la pluie, le beau temps. Tous les efforts que vous avez fournis (d'un point de vue mental et intellectuel) vous amènent à une période de renouveau tant espéré. C'est le moment idéal pour se remettre d'une trahison !

Conseils pour réaliser ses tirages

Votre tirage de cartes commence réellement à partir du moment où vous prenez la décision d'interroger le tarot, donc bien avant de mélanger votre jeu et de piocher la carte qui vous donnera des éléments de réponse.

Les 5 étapes pour réussir votre tirage

1. Initier les bonnes conditions : disposition mentale et environnement.

2. Poser les bonnes questions : importance de la bonne formulation.

3. Premiers contacts : mélanger, tirer les cartes, trouver son style et sa méthode.

4. Interpréter le tarot : laisser venir les sensations et interpréter les messages.

5. Prendre des notes et consigner ses observations dans un carnet (ou les enregistrer), puis les vérifier dans le temps.

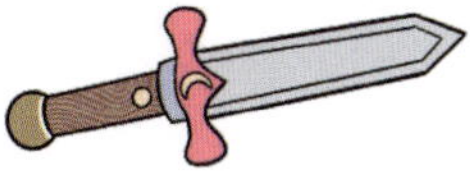

ÊTRE DANS DE BONNES DISPOSITIONS PENDANT SES TIRAGES

Il est essentiel de bien vous centrer et vous détendre avant d'effectuer un tirage. Si vous êtes trop tendu, dans une situation d'anxiété émotionnelle, laissez vos cartes au placard. Ce n'est pas encore le bon moment.

Si vous en avez la possibilité, dédiez un espace aux tirages dans votre espace de vie. Cela permet à votre cerveau d'associer ce lieu avec un certain état de concentration et d'y créer votre « univers », avec vos vibrations.

COMMENT UTILISER LES ARCANES MINEURS ?

Recouvrir : les arcanes mineurs vont vous servir à recouvrir les arcanes majeurs pour obtenir une réponse plus détaillée. Voici ma méthode :

- Faites votre tirage à partir des arcanes majeurs et interprétez votre tirage.
- Recouvrez chacune des cartes avec un arcane mineur et interprétez.
- Vous pouvez renouveler cette dernière opération si vous le désirez.

Utiliser tout le jeu : vous pouvez également mélanger les cartes majeures et les mineures, et effectuer votre tirage en les utilisant ensemble.

ASSOCIER DEUX CARTES ENTRE ELLES

Il existe une myriade de possibilités d'associations de cartes entre elles. Impossible de toutes les apprendre, mais il existe des astuces pour pouvoir les comprendre rapidement. L'une d'entre elles consiste à ne retenir qu'un mot-clé pour chaque carte (pour simplifier au maximum).

Si l'on a deux cartes, on associe le mot-clé de chacune :
mot-clé Carte 1 + mot-clé Carte 2 = nouvelle signification.

Par exemple :
Carte 1 - L'Impératrice = Communication
Carte 2 - Tempérance = Équilibre
L'association des deux cartes donnerait : avoir une communication équilibrée.

Vous pouvez le faire avec autant de cartes que vous le désirez, en associant des arcanes majeurs entre eux, ou des arcanes mineurs entre eux, ou des majeurs et des mineurs. Tout est possible !

LES CARTES RENVERSÉES

Vous avez sans doute entendu des gens parler de tirage avec des cartes renversées ? C'est le cas lorsque vous faites votre tirage et que votre carte sort « à l'envers ».

Une carte renversée va donner un aspect « contraire » à l'interprétation originelle de la carte. Par exemple, dans le cadre d'un tirage sur une relation sentimentale, le Soleil indique une harmonie entre vous et votre compagnon. Si le Soleil est renversé, il pourra au contraire indiquer une disharmonie.

À titre personnel, je n'utilise pas les cartes renversées lors de mes tirages. Mais, d'une certaine façon, on peut dire que l'on retrouve cette situation (interprétation contraire d'une carte) dans certains tirages, lorsque l'on parle de carte « en pour » ou de carte « en contre », comme dans le tirage en croix (voir p. 111).

- Carte en pour / à l'endroit = interprétation normale de la carte.
- Carte en contre / renversée = interprétation contraire de la carte.

QUEL JOUR RÉALISER SON TIRAGE ?

A priori, il n'y a pas de meilleur jour pour tirer les cartes. Mais si vous aimez l'astrologie, vous pouvez faire correspondre la thématique de votre tirage à un jour de la semaine en suivant sa correspondance astrologique.

JOUR	PLANÈTE	THÉMATIQUES
LUNDI	Lune	Émotionnel · Créativité · Arts · Spiritualité · Intuition · Psychologie (évolution personnelle)
MARDI	Mars	Conflits à résoudre · Procès ou litige en cours · Actions à entreprendre · Sport · Projets · Contrats · Stratégie
MERCREDI	Mercure	Communication · Conférence · Négociation · Entretien d'embauche · Analyse · Intellect · Écriture · Business
JEUDI	Jupiter	Spiritualité · Sagesse · Sciences · Enseignement · Études · Altruisme
VENDREDI	Vénus	Amour · Plaisir · Harmonie · Esthétique · Féminité · Créativité · Arts · Engagement sentimental
SAMEDI	Saturne	Philosophie de vie · Introspection · Intériorité · Solitude · Méditation · Prendre du recul · Immobilier
DIMANCHE	Soleil	Bonheur · Vitalité · Spiritualité · Gratitude · Projets tournés vers soi (individualité)

SAVOIR POSER LES BONNES QUESTIONS À SON TAROT

* Interroger, oui. Mais intelligemment !

Pour procéder à un tirage de cartes et stimuler votre intuition, la formulation de votre question est le point de départ essentiel. Si vous ne prenez pas le temps d'y réfléchir, laissez votre jeu dans sa boîte et passez à autre chose : une tournure de question hasardeuse aboutira à un tirage flou et, là où vous cherchiez un éclairage, vous ne trouverez qu'incompréhension. Voici ma recette secrète pour réussir mes consultations et mes tirages.

Méthode pour bien poser les questions lors d'un tirage

1. Prendre des notes pour vérifier ses tirages dans le temps.
2. Être précis pour avoir une réponse claire et efficace.
3. Utiliser une tournure positive pour énoncer la bonne formulation.
4. Poser des questions à tiroirs pour avoir une vision complète de la situation.

* Prenez des notes

Quand on tire les cartes à soi-même, on est souvent dans l'émotion : prenez le temps d'écrire celle-ci dans votre carnet ou sur une feuille pour avoir l'esprit bien clair. Avec le temps, noter vos sensations (calme, fatigue...) vous permettra de savoir quel est l'état dans lequel vous êtes le plus performant pour vous tirer les cartes. Vous pourriez être surpris !

✶ Soyez précis !

« Vais-je faire une rencontre sentimentale ? » ou « Vais-je faire une rencontre sentimentale stable ? » : les questions ne sont pas les mêmes. De même, je vous encourage à mettre des marqueurs temporels dans vos questions, tels que : « Comment va évoluer ma vie professionnelle dans les six mois ? », « Vais-je réussir à vendre ma maison cette année ? »

✶ Variez la formulation !

Pour obtenir des informations complémentaires, osez faire un autre tirage sur le même sujet, mais en adoptant un autre point de vue.

Dans ce cas, je vais toujours du général au particulier (questions larges sur le sujet, puis plus j'avance et plus je demande de précisions). C'est une étape essentielle.

Tournez vos questions d'une manière qui vous permette de prendre le contrôle de votre vie. Ne soyez pas victime des circonstances, jouez avec !

Exemple de tirage sur une thématique sentimentale

Si vous voulez savoir où vous en êtes dans votre relation sentimentale, vous pouvez utiliser la méthode des questions multiples en répondant à une question à la fois.

En effet, on a souvent tendance à se limiter à la question : « Quels sont les sentiments de X à mon égard ? » C'est bien, mais insuffisant pour avoir les clés d'une situation. Et, assez logiquement, si vous utilisez votre tarot pour cette question, c'est que vous avez besoin d'informations. Pourquoi se limiter ? Quelles sont les précisions que le tarot peut vous donner sur votre relation avec X ?

« Ma relation sentimentale avec X est-elle bénéfique pour moi ? »
C'est à mon sens l'une des premières questions que vous devez vous poser.

« Comment X perçoit-il notre relation ? »
Cette interrogation vous permet de voir si vous en êtes tous les deux au même point.

« Comment est-ce que je perçois notre relation ? »
OK : vous allez me dire « Ça, je le sais déjà ». Mais cette interrogation servira de question témoin pour votre interprétation. De plus, vous pourriez être surpris par la réponse.

« Qu'est-ce que X pense de moi ? »
Cette demande va vous aider à en apprendre davantage sur l'opinion que X a de vous aujourd'hui.

« Quels sont ses sentiments à mon égard en ce moment ? »
Vous voulez savoir où vous en êtes, c'est le constat du moment.

« Comment ses sentiments à mon égard vont évoluer dans les prochains mois ? »
Toutes les situations évoluant dans le temps, il est intéressant d'enchaîner sur cette question !

« Comment X compte agir dans l'avenir par rapport à notre relation ? »
C'est vous qui fixez la notion temporelle (dans les prochaines semaines, dans les six prochains mois...). Cette question est très importante, car des personnes peuvent ressentir des sentiments assez forts et ne pas agir. D'autres, mieux dans leur vie, peuvent éprouver un véritable intérêt pour vous sans être amoureux fous, et agir dans le bon sens.

« Quelle attitude me conseille le tarot pour faire évoluer positivement ma relation avec X ? »
Ça, c'est l'ultime question !

Les différents tirages

LE TIRAGE DU JOUR

Vous ne connaissiez pas les tirages avec une seule carte ?
C'est le moment de vous lancer !

- C'est rapide ! Il vous suffit de quelques minutes pour consulter votre tarot. Et si vous connaissez les numéros par cœur, c'est encore plus simple.
- Super facile à faire : ici, pas de complications. La réponse est directe et claire.
- Le mieux est d'apprendre chaque carte : c'est une excellente méthode pour vraiment en retenir la signification !

> *Et si vous preniez le temps, le matin, assis bien confortablement avec votre tasse de thé, de vous faire un tirage pour la journée ? Avec cette méthode, une seule carte va vous délivrer le message que vous devez recevoir.*

✶ Méthode de tirage

✶ Détendez-vous, prenez une grande inspiration et battez les cartes en vous concentrant sur votre journée à venir.

✶ Demandez à votre tarot comment va se dérouler votre journée (les étapes importantes, le message essentiel) pour en avoir l'ambiance générale : savoir ce que vous devez travailler aujourd'hui, votre point fort, ce sur quoi doit porter votre attention.

✶ Tirez une carte.

✶ Retournez-la et découvrez sa signification (reportez-vous aux pages de description pour vous aider). Écrivez toutes les intuitions qui vous viennent dans votre carnet d'exercices (en laissant de la place pour les futures annotations).

✶ Le soir, notez ce qui s'est révélé exact ou pas.

> *Afin que votre tarot devienne une précieuse aide et non une source de confusion, je vous conseille de n'effectuer qu'un tirage quotidien (pour vous).*

LE TIRAGE PASSÉ, PRÉSENT, FUTUR

Ce tirage vous permet de faire le point sur une situation, au fil du temps. Par exemple, l'évolution d'une relation sentimentale, de votre expérience dans une entreprise ou d'un projet professionnel audacieux...

Il est assez simple, puisque vous n'allez tirer que trois cartes, chacune représentant un moment de votre vie.

✶ Méthode de tirage

- Détendez-vous, prenez une grande inspiration et expirez lentement.
- Mélangez les cartes en vous concentrant sur votre question.
- **Carte 1 :** tirez une première carte qui représente le PASSÉ.
- **Carte 2 :** tirez une deuxième carte qui représente le PRÉSENT.
- **Carte 3 :** tirez une troisième carte qui représente le FUTUR ou faites une réduction théosophique (voir p. 113) des deux premières cartes.

Plus votre question sera précise, plus la réponse le sera.
Le mieux est de définir, avant votre tirage, votre notion du futur : six mois, un an, cinq ans... ?

Exemple de tirage Passé, Présent, Futur

Découvrons ce tirage autour d'un exemple lié à une rencontre sentimentale. Contexte : vous venez d'entamer une relation sentimentale et vous voulez obtenir un éclairage sur son avenir. Votre question : « Comment va évoluer ma rencontre avec X dans les six prochains mois ? »

Carte 1 (le Passé) : XVIII. La Lune

Au regard de cette carte, il est fort probable que la situation entre vous n'ait pas été vraiment claire. Vous ne saviez pas quelles étaient les intentions de X et la situation n'avançait pas malgré l'attirance. Il est possible que vous ayez eu à l'époque les mêmes aspirations que lui (vous mettre en couple) sans que les choses évoluent.

Dans la lune, l'eau est stagnante, ce qui peut renvoyer à une forme de stagnation de la situation. De plus, le reflet de la lune dans l'eau se transformant en animal, elle peut aussi vous parler d'illusions, du fait de se tromper sur la situation ou la sensation d'ensemble (par exemple, non-réciprocité de l'attirance).

Carte 2 (le Présent) : XXI. Le Monde

Cette carte indique une entente particulièrement harmonieuse. Vous vous sentez bien et, surtout, vous êtes à votre place ! C'est-à-dire que vous faites ce qu'il faut faire (ni trop, ni pas assez).

Cela signifie que la réussite de votre relation repose sur le fait que vous dirigiez votre vie de manière autonome. L'erreur ici serait de tomber dans une relation-miroir où vous seriez complètement dépendant de l'autre.

Équilibre, indépendance et légèreté sont pour vous les clés de la réussite !

Carte 3 (le Futur) : IX. L'Hermite

C'est une carte un peu surprenante dans ce tirage, après un Monde triomphant. Elle aurait tendance à dire qu'il faut aller en profondeur dans cette relation pour ne pas se leurrer.

Y a-t-il dans cette relation une notion de fantasme qui vous ferait oublier que cette personne n'est pas complètement pour vous ?

> *Si le tirage est trop obscur pour vous, vous pouvez toujours ajouter une carte de synthèse (voir p. 113).*
>
> *Par exemple, ici, si on additionne les valeurs des trois cartes (18 + 21 + 9), on obtient la carte III, L'Impératrice. Elle conseille de rester réfléchi et dans l'équilibre. Elle encourage à rester dans la communication (afin d'éviter les non-dits ou les confusions dans la relation). Il s'agit clairement de rester maître de son destin et d'évaluer au fur et à mesure de la relation si celle-ci contribue clairement à notre équilibre ou pas...*

LE TIRAGE EN CROIX

Le tirage en croix introduit une nouvelle notion : la signification de la carte change en fonction de sa position dans le tirage. Par exemple, la carte peut vous donner un conseil ou une réponse. C'est l'une des méthodes les plus populaires : elle a l'avantage de pouvoir répondre à votre question de façon très complète.

* Méthode de tirage

* **Carte 1 - Pour** : retenez tous les aspects positifs de cette carte, c'est-à-dire ce qui vous avantage dans la situation donnée.
* **Carte 2 - Contre** : retenez tous les aspects négatifs de cette carte, c'est-à-dire ce qui vous désavantage dans cette situation ou ce sur quoi vous devez travailler.
* **Carte 3 - Conseil** : cette carte vous livre des recommandations à suivre.
* **Carte 4 - Réponse** : évidemment, cette carte correspond à la réponse à votre question !
* **Carte 5 - Synthèse** : cette carte vous fournit une vue d'ensemble de la situation.

Le tirage en croix

✶ Faut-il tirer ou calculer la carte de synthèse ?

Telle est la question. Pour obtenir cette Carte 5, vous avez le choix entre deux méthodes : la tirer ou faire une réduction théosophique. La réduction théosophique consiste à additionner les valeurs des différentes cartes, puis à les réduire à un seul chiffre (de 1 à 9).

Vous vous souvenez lorsque, au collège, vous additionniez la date de naissance de votre amoureux et la vôtre pour voir si vous étiez amoureusement compatibles ? Techniquement, c'est ce que l'on appelle une « réduction théosophique ».

Il s'agit de tirer les quatre premières cartes et d'additionner leurs valeurs, c'est-à-dire le numéro de chacune, pour obtenir la cinquième.
Dans l'exemple proposé en pages 114 et 115, nous avons tiré :
Le Bateleur (1) + L'Hermite (9) + Le Monde (21) + Le Soleil (19).
Si l'on additionne l'ensemble de ces valeurs, on obtient :
1 + 9 + 21 + 19 = 50

→ 5 + 0 = 5

La carte de synthèse est donc l'arcane numéro 5 (V), Le Pape.

Voilà ! Vous savez maintenant effectuer une réduction théosophique. Bravo !

Exemple de tirage en croix

Je vais vous présenter les significations carte par carte, en prenant comme exemple un tirage autour d'une question concernant un entretien d'embauche : « Vais-je réussir mon entretien d'embauche ? »

✳ Carte 1 - Pour (ce qui est favorable au consultant)

Elle fournit des éléments de contexte. Qu'est-ce qui vous est favorable par rapport à votre question ? Qu'est-ce qui vous représente ? C'est en quelque sorte la dynamique du moment pour vous.

Exemple : *Votre tirage, outre la réponse finale, va vous dire comment mettre toutes les chances de votre côté. Imaginons que vous avez tiré Le Bateleur en Carte 1. Cela signifie que vous avez une bonne énergie, vous montrez une envie d'apprendre et de vous adapter à ce nouvel environnement. Parmi toutes vos qualités, c'est cette attitude-là qu'il faudra mettre en avant lors de l'entretien.*

✳ Carte 2 - Contre (ce qui est défavorable au consultant / défi / difficulté / challenge)

Ce tirage en croix permet d'avoir une vision globale et réaliste d'une situation, c'est pourquoi la Carte 2 vous met en garde contre les éventuels problèmes ou challenges auxquels vous pourriez être confronté.

Exemple : *Vous avez tiré L'Hermite, en Carte 2. Il est probable que vous n'aurez pas spontanément suffisamment d'éléments sur le poste et le contexte lors de l'entretien. N'hésitez pas à creuser pour en savoir concrètement plus sur les attentes du recruteur et votre périmètre d'action dans ce futur poste. Cela peut aussi signifier que vous devez faire davantage de recherches sur l'entreprise afin d'être mieux préparé et de faire une meilleure impression. Cela vous permettra d'associer le côté dynamique, annoncé par Le Bateleur, au côté réfléchi et posé de L'Hermite.*

Cela peut également vouloir dire que, malgré vos compétences et votre bonne volonté, vous êtes souvent trop renfermé et timide lors de vos entretiens. Pensez à vous montrer plus ouvert !

❋ Carte 3 - Conseil

Le tarot a une véritable dimension philosophique. C'est un jeu riche d'enseignements pour vous aider à surmonter les différentes étapes de la vie. Ici, il remplit parfaitement ce rôle en vous prodiguant un conseil par rapport à la situation liée à votre question.

Exemple : *Vous avez tiré Le Monde en Carte 5. Celle-ci vous encourage à être spontané, équilibré, mais aussi à montrer votre polyvalence. Votre motivation personnelle pour obtenir ce poste semble être au cœur de votre jeu !*

❋ Carte 4 - Réponse

Cette carte est importante, car elle donne la réponse à votre question. Mais attention, son interprétation ne doit pas être indépendante des autres cartes. Vous arriverez à ce résultat si vous suivez les éléments et les conseils qui précèdent.

Exemple : *Vous avez tiré Le Soleil en Carte 4. À l'évidence, un accord va être trouvé ! Ce qui annonce une embauche... si vous suivez tous les conseils précédents !*

❋ Carte 5 - Synthèse

Ici, j'ai utilisé la réduction théosophique pour obtenir la carte de synthèse. Par conséquent, celle-ci est l'arcane V, Le Pape.

Réponse à la question : Le Pape annonce que les choses vont être faciles pour vous lors de cet entretien. On voit des recruteurs bienveillants. Favorisez un véritable échange (ne restez pas passif) et montrez votre motivation à intégrer cette nouvelle entreprise pour leur apporter une véritable plus-value !

Le mot de la fin...

Le Tarot de Marseille est tombé entre mes mains à une période particulièrement pénible de ma vie. J'étais adolescente, et mon environnement familial était un enfer. Là où je voyais mes parents réitérer les mêmes erreurs et nous enfoncer dans une vie difficile, le tarot m'est apparu comme une fenêtre vers un possible futur différent. Une réécriture de l'histoire, de mon histoire !

Cependant, le tarot m'a demandé de changer. C'est l'une des parties les plus importantes (s'écouter, l'écouter et se responsabiliser), qui – évidemment associée à un travail psychologique avec un professionnel – m'a permis de me concevoir différemment et de donner une autre orientation à ma vie. Est-ce que je m'imaginais alors que, des années plus tard, je serais une femme bien dans mes baskets, libre dans sa vie professionnelle, épanouie et enjouée ? Clairement, non. Et pourtant, aujourd'hui, je le suis.

Le pouvoir de changer, avec le coup de pouce du tarot !
Le tarot, c'est ce bon ami qui vous dit tout. Le bien, comme le mauvais. Mais surtout, il vous donne les clés pour mieux comprendre une situation et pour trouver des solutions. À vous de les mettre en place !

Je vous souhaite le meilleur.

Céline

Notes personnelles

Notes personnelles

Notes personnelles

Notes personnelles

Notes personnelles

Notes personnelles

58, rue Jean Bleuzen – 92178 Vanves Cedex

Direction : Catherine Saunier-Talec
Responsable éditoriale : Lisa Grall
Responsable de projet : Séverine Corson-Schneider
Responsable artistique : Cécilia Rehbinder
Illustrations, principe graphique et mise en pages : Élodie Ascenci
Correction : Margo Vitrac

Dépôt légal : juin 2022
ISBN : 978-2-01-946410-3
19-7761-4

Imprimé en Chine